Índice

rourkeeducationalmedia.com

¿Puedes encontrar estas palabras?

cosechas

festín

nativos

peregrinos

El primer Día de Acción de Gracias.

Los **peregrinos** abandonaron Inglaterra. Navegaron a otras tierras.

Había gente que vivía en esas tierras. Los llamamos **nativos.**

Ayudaron a los peregrinos.

Los peregrinos aprendieron a sembrar maíz.

Aprendieron a sembrar frijoles.

Tuvieron una **cosecha.**

Tuvieron alimentos para el invierno.

Los peregrinos y los nativos se mostraron agradecidos.

Hicieron un **festín.**

El festín duró tres días.

Este fue el primer Día de Acción de Gracias.

¿Encontraste estas palabras?

Tuvieron una **cosecha.**

Hicieron un **festín.**

Los llamamos **nativos.**

Los **peregrinos** abandonaron Inglaterra.

Glosario fotográfico

cosecha: temporada en que se recogen los cultivos.

festín: festejo con mucha comida y bebidas.

nativos: personas que vivían en un lugar antes de que llegasen los forasteros.

peregrinos: grupo de personas que abandonaron Inglaterra para ir a América en 1620.

Índice analítico

Sobre la autora

A Terri Fields le encanta leer y escribir para niños. Cuando no está leyendo o escribiendo, le gusta pasear por la playa.

www.rourkeeducationalmedia.com

PHOTO CREDITS: Cover: ©DNY59; p.2,10,14,15: ©LauriPatterson; p.2,8,14,15: ©Pierre Desrosiers; p.2,4,14,15: ©Science History Images/©Alamy Stock Photo; p.2,3,14,15: ©North Wind Pictures Archives/©Alamy Stock Photo; p.6: ©venturecx; p.7: ©tab1962; p.12: ©GL Archive/©Alamy Stock Photo.

Edición: Keli Sipperley
Diseño de la tapa e interior: Rhea Magaro-Wallace
Traducción: Santiago Ochoa
Edición en español: Base Tres

Library of Congress PCN Data
El primer Día de Acción de Gracias / Terri Fields
(Tiempo para descubrir)
ISBN (hard cover - spanish)(alk. paper) 978-1-73160-542-9
ISBN (soft cover - spanish) 978-1-73160-556-6
ISBN (e-Book - spanish) 978-1-73160-549-8
ISBN (e-Pub - spanish) 978-1-73160-720-1
ISBN (hard cover - english)(alk. paper) 978-1-64156-206-5
ISBN (soft cover - english) 978-1-64156-262-1
ISBN (e-Book - english) 978-1-64156-310-9

Library of Congress Control Number: 2018967499

Printed in the United States of America, North Mankato, Minnesota